AF460413

F. PEDRELL

POUR NOTRE MUSIQUE

QUELQUES OBSERVATIONS

sur l'importante question d'une

École lyrique Espagnole

motivées par la Trilogie «Les Pyrénées».

(TRADUCTION DE A. G. BERTAL.)

BARCELONA

JUAN B.TA PUJOL Y C.A

EDITORES DE MÚSICA

1 y 3, Puerta del Angel, 1 y 3

POUR NOTRE MUSIQUE

QUELQUES OBSERVATIONS (1)

sur l'importante question d'une

ÉCOLE LYRIQUE ESPAGNOLE

MOTIVÉES PAR LA TRILOGIE «LES PYRÉNÉES».

AVANT-PROPOS

I

Chaque pays doit établir son système
musical sur la base du chant national.
P. ANTONIO EXIMENO.

Il y a deux ans, mon ami Yxart, dans un substantiel article où il examinait à fond la musique et ses problèmes, parlait des efforts faits ici en vue de l'éducation musicale: des luttes soutenues contre le

(1) Ces observations, dont je donne ici un extrait, furent motivées par le poème de Mr. Victor Balaguer *Les Pyrénées* et la musique que j'écrivis pour cette ouvrage. Voir l'opuscule intitulé *Por nuestra música*, publié par Henrich y C.a, pasaje de Escudillers, 4, Barcelone, 1891.—Brochure de 134 pages, illustrée dans le texte de 40 exemples de musique.

goût vulgaire d'un public plus ou moins soucieux des choses de l'art en général; des tentatives de progrès et des essais de rénovation musicale; car en musique, comme en tout d'ailleurs, se produit continuellement ce cas, que « tandis que la plupart—comme Yxart le disait spirituellement—en sont encore au potage, il y en a déjà qui prennent le café;» puis, indiquant quelques éphémerides musicales, qui sont comme les bornes du terrain péniblement conquis, et pénétrant profondément et judicieusement dans l'exposition des idées relatives au drame lyrique des temps modernes, il faisait l'historique de cette «vieille nouveauté», l'opéra espagnol! dont quelques essais ou tentatives, qui, «toujours accueillis avec le même enthousiasme aux premières auditions, sont voués bientôt au même oubli et à la même indifférence», se répètent au moins une fois chaque lustre.

Toutes ces considérations le conduisaient, comme par la main, á un examen des théories de Wagner, qui, suivant le judicieux criterium du perspicace critique, résolvent les conflits entre les *réalistes* et les *idéalistes,* ont une véritable grandeur, et couronnent splendidement tous les efforts artistiques faits pendant ce XIXe siècle, en les réunissant, pour aider au spectacle scénique, en une sorte d'apothéose rayonnante de la poésie et de la musique.

Ensuite il arrivait à la grande question, toujours, hélas! d'actualité, récapitulant le peu de progrès obtenu par les tentatives faites depuis le siècle dernier, tentatives qui posèrent le problème de l'art national mais sans le résoudre. D'une manière claire et précise, il fixait tout cela: les causes essentielles bien connues, ce qu'on cherchait, où l'on allait, ce qu'était, en définitive, l'opéra espagnol; et il présentait ces irréfutables conclusions: qu'un drame lyrique, traitant un sujet exclusivement espagnol, tiré d'un fait historique, d'une légende, ou de mœurs et coutumes du pays, n'atteindra pas le but, non plus qu'un drame lyrique écrit en langue castillane; car il ne suffira pas, pour arriver au résultat cherché, d'intercaler en ces compositions quelques chants populaires véritables qui, à l'aide de l'appareil théâtral, donnent un apparent vernis caractéristique à ce qui est, le plus souvent, par son origine, d'une école étrangère; que «*l'acerbité* commune d'une musique *réellement nationale* ne se trouve pas seulement dans la chanson populaire ou dans la *période* primitive, mais aussi dans la *période* et les productions artistiques»; que le germe essentiel et réel d'un théâtre lyrique qui puisse s'appeler propre d'une nation, «qui forme, en réalité, une école distincte, «inconfondable» avec aucune autre,» est, au sens du critique, «où se trouve toute la caractéristique; en une tradition constante et généalogique; dans le caractère persistant et général de toutes les manifestations artistiques homogènes; dans l'usage de formes déterminées, natives, spéciales au génie de la race, à son tempérament, à ses coutumes, par une force fatale, inconsciente; dans l'expression des sentiments en des conditions égales; dans la série d'études et d'ouvrages qui s'occuperont à développer, sans dévier, de tels éléments.» Il ne se trompait pas en appelant cet *art propre, école d'une nation:* opéra, peinture, architecture ou littérature nationales. «Qu'importe—ajoutait-il—qu'une influence cosmopolite, à laquelle aucun peuple ne se soustrait, heureusement, modifie en apparence le fond et offre un nouveau moule commun á toutes les nations! Il est clair qu'aujourd'hui un compositeur espagnol ne peut se séparer, s'affranchir des théories courantes: ce qu'il faut c'est *que la matière première se maintienne intacte:* qu'au moule commun on imprime un cachet particulier; que, sinon le système, l'inspiration du moins soit originale. C'est ce qui, en réalité, se trouve dans les écoles lyriques qui, avec orgueil, affichent le droit de se qualifier de *propres* et de *nationales,* quoique s'influençant mutuellement.»

Ce programme—que je fais mien parce qu'en effet c'est celui de toutes les écoles modernes qui se sont formées, subitement quelques-unes, sans autre virtualité que l'excellence même de tels principes—une fois formulé, l'ami Yxart m'adresse une série de questions, affirmant que je suis l'un des compositeurs espagnols les plus à même de l'édifier, attendu que mon opéra *L'ultimo abencerragio* lui parait, quoique non définitive—ce qui est vrai—déjà une réponse.

«Est-ce qu'en Espagne—me demande-t-il—*l'acerbité* musicale, la tradition non-interrompue, le caractère constant dans l'expression lyrique, la série d'œuvres ou d'études à l'aide desquelles un génie puisse créer demain, tout-à-coup, le drame lyrique, fondant ces éléments á la chaleur de son inspiration, les rehaussant splendidement, et les imposant à notre société en lui disant: *ceci est notre musique*... existent? Si nous ne possédons pas ce grand trésor, où le trouver? comment l'étudier? comment le propager? par quels moyens le répandrons-nous par les espaces, comme celui qui attise un grand foyer jusqu'alors occulte, pour qu'une étincelle aille éclairer, illuminer l'imagination du révélateur ignoré?

Je crois que la réponse, définitive ou non, aux demandes raisonnées exposées par Yxart, doit, aujourd'hui que nous avons suffisamment théorisé depuis un siècle, lui être donnée par l'œuvre, l'œuvre elle-même; la manifestation convaincue de l'art national qui cherche sa filiation dans la tradition non interrompue de ce passé qu'a enterré l'ignorance et qu'a laissé se perdre l'oubli le plus honteux et le plus déplorable en lesquels puisse tomber une nation; l'œuvre, oui, l'œuvre d'art de la patrie, celle en qui la matière première s'est maintenue intacte et qui porte l'impression d'un cachet particulier, qui est spéciale au caractère dans l'expression lyrique, et qui, popularisant «l'indigène» avant d'imiter l'exotique, prétende affirmer: *Je chante dans la voix* de notre musique.

Et maintenant je vais me trouver dans le cas embarrassant en lequel me met ce que j'écris ici: il me faut parler de la trilogie *Les Pyrénées*, de l'auteur du poème, de la musique que j'ai composée pour ce drame lyrique, et de moi-même, ce qui est une circonstance plus grave et, si possible, plus embarrassante encore.

Et ceci parce que: comme les temps ne sont guère favorables à la défense de causes qu'il n'est même pas opportun de rappeler à présent; comme, peut-être, il ne me sera jamais donné de voir le triomphe d'idées que je n'ai cessé de préconiser, ni la réalisation de tendances artistiques que j'ai poursuivies avec une inébranlable foi; comme ce que la main a péniblement semé, dans le champ de la productivité artistique, ayant trouvé le large sillon trop endurci, n'a point produit les fruits désirés; comme l'inclémence de ces temps d'évolution que nous traversons en de multiples manifestations, stérilisant de grands essais, a converti beaucoup d'hommes en ouvriers obscurs de l'idée, j'éprouve de véhéments désirs de totaliser efforts et tentatives, énergies et labeurs de l'intelligence, agitations fébriles et explorations par des routes déterminées; d'embrasser d'un regard serein le chemin parcouru et de mesurer, sans trouble et sans inquiétude, ce qui manque pour atteindre le but, en saluant de loin, au nom de la génération qui vient, cette *acerbité* d'une musique nationale pour que se réalisent á temps ces ardents désirs, provoquant la réaction souhaitée et aidant à préparer les voies à cette inconnu révélateur de l'école «propre» que l'on cherche.

Une haute et patriotique impulsion, beaucoup plus élevée que l'égoisme *pro domo mea,* guide ma plume. Si quelqu'un à courte vue ne le juge pas ainsi que je le dis, ce que je gagnai en honneur à ma patrie, je le lui remets, gardant seulement ce que j'ai perdu de calme, de tranquillité et de paix.

II

Je me propose, maintenant, de mettre à la portée du lecteur les termes de la question, de la question du drame lyrique.

Tout ce qui est esthétiquement représentable, tout l'art théâtral se réduit aux éléments scéniques, *formes et action.* La *forme* trouve le *mode pictural,* qui en certains cas supplée au *mode sculptural* (architectonique, indumentaire), et frappe aux mêmes portes du *mode mimique,* l'action humaine; le *mode mimique* «compénétrant» avec le *sculptural* (architectonique, indumentaire), le *mode verbal* ou logique avec la mimique et le *mode tonique* ou musical avec le verbal, le tout se fondant dans l'art idéal et esthétique *unique* dont le centre vif est le théâtre.

La MIMIQUE (ou le geste *artistique*) alliée à la musique, produit le spectacle *chorégraphique*.

La COMÉDIE (l'*idée*, le *ton* et le *geste*) jette toutes ses vues sur le réalisme de la vie ordinaire.

Le DRAME s'exerce à relever l'*idée* par un *ton* et un *geste* choisis.

La TRAGÉDIE atteint la valeur presque musicale du ton déclamatoire et la sublimité classique de la mimique.

Le DRAME LYRIQUE n'admet pas plus de musique que le *mode musical*, ni un autre *mode musical* que celui qui convient à l'expression de la conscience des personnages.

L'ORCHESTRE tend son action à compléter la parole, à exprimer *la suite de l'idée parlée en cette musique que tous nous por-*

tons en nous, développant l'incessante et variée *symphonie de la conscience*, et tirant au dehors, pour ainsi dire, tout son grand *reste irrévélable*, soit dans le *monologue*, soit dans le *dialogue*, soit dans le *polylogue*.

Et ceci est tout, que dans le système définitif de l'art lyrique dramatique, notez-le bien, il n'y eut ni révolution ni seulement réforme; il n'y eut que les conséquences de la féconde idée trouvée par les *monodistes* florentins, et, ensuite, correction, rectification et développement du systéme de Gluck.

Le courant moderne d'idées sur l'esthétique du drame lyrique, naquit avec l'opéra même. La *camerata* de Florence, cette révolution de laquelle devait naître la musique moderne et qui mit à la tête et comme adhérents aux poètes, des érudits, des philosophes et non un compositeur renommé, voulant régénérer la musique, l'ennoblir, l'élever à la hauteur de sa mission, et infuser dans la technique un esprit nouveau, remontant à la *monodie* des anciens, à l'art de Terpandro, de Safo et d'Anacréon, et établissant en son programme (1) qui devait laisser en arrière cette classe de musique, «*che non lasciando bene intendersi le parole, guasta il concetto ed il verso, ora allungando ed ora scorciando le sillabe per accomodarsi al contrappunto,* laceramento *della Poesia...:* que *tali musiche e musici non davano altro diletto fuori di quello che poteva l'armonia dare all'udito solo, poichè non potevano esse muovere l'intelletto senza l'intelligenza delle parole:*» prétendant, la noble *Camerata* de Jean Bardi, accentuer et vivifier la parole, enlacer d'une manière inséparable le drame et la musique et fondre l'élément poétique avec l'élément musical pour obtenir la compénétration intime des deux éléments, poursuivant jusqu'à la dernière aurore du XVIe siècle les mêmes idéaux que notre génération a poursuivis, et, ce qu'il faut surtout noter, qu'à l'apparition de la formule typique de la cantilène moderne, surgissant spontanée quoiqu'avec toute la raideur archaïque fort compréhensible, ils eurent le courage de confesser et de

---

(1) Caccini, *Nuove musiche.*

prêcher par l'exemple que la musique géométrique n'entrait là pour rien, puisqu'elle détruisait tout, tentant de s'accommoder aux exigences du contrepoint. Il est également digne de mention qu'en une époque aussi éloignée de la nôtre, une telle tendance fût si admirablement ressentie, grâce au juste instinct de l'esthétique musicale, quoique mal réalisée, ce qui est excusable eu égard au manque de ressources techniques.

Les docteurs de la *Camerata*, en mettant leurs spéculations classiques au service de la musique, entendirent restaurer la tragédie grecque; mais le public ne l'entendant pas ainsi ne voulut pas admettre un tel programme: il demanda de la *musique dramatisée* qui ne laissât point d'être de la musique, et les italiens, jusqu'à Paisiello, et les allemands, jusqu'à Mozart, lui en donnèrent qui portait en soi le germe (les contours corrects, la prosodie, l'accent *oratorio*, les convenances vocales et toutes les qualités de la *cantilena* moderne) et à la fois la corruption, la *virtuositá*, les *fioriture, rivolti, cabalette*, etc.

La *virtuosité* apparaît, et l'on abuse d'elle au point que le *chant dramatique* se convertit en *chant vocalisé,* et bientôt, à partir de cette période, on ne mit déjà plus en musique le drame; on mit de la musique à roulades au service de toute sorte de personnages, et le barbier sévillien, le maure de Vénise et jusqu'au grave prophète hébreu Moïse eurent à chanter des vocalisations transcendentales communes à toutes les situations et à tous les caractères. Véritable époque de calcomanie vocale, en laquelle toutes les inepties musicales, qui en une composition symphonique eurent été mises avec justesse à l'*index,* trouvaient champ naturel et bien préparé dans un opéra.

La musique d'opéra italienne n'était point la fille de cette admirable mère, de cette œuvre magnifique de Palestrina, de cette sublime, riche et incomparable profondeur d'expression de l'art religieux.

La glorieuse et féconde tradition abandonnée, les italiens en arrivèrent à écrire de la musique sans savoir la musique, et la décadence de l'opéra italien, de cet opéra qui n'avait rien à voir avec le drame véritable, put se signaler, précisément depuis le moment où disparurent ces maîtres qui réellement écrivirent de la musique, parce qu'ils savaient la musique, et furent les derniers d'alors dans ce cas.

Tandis que ceci se passait en Italie, la musique véritablement nationale se développait en Allemagne sous des principes très distincts et bien éloignés de l'opéra. Et cela parce que l'Allemagne chercha et sut trouver son développement naturel et logique en cette puissante illustration de son art, Bach, le Palestrina du Nord.

L'Italie, divorcée d'avec Palestrina, nous, également divorcés de Morales, Victoria... (je ne cite que ces deux glorieux maîtres espagnols contemporains de Palestrina, car si je les citais tous, ce serait une légion) ni l'Espagne ni l'Italie ne surent voir la signification qu'avait, pour l'avenir de l'art et ses développements, le perfectionnement de la méthode rithmique sur la base féconde de l'harmonie chrétienne.

En s'éloignant ainsi, inconsidérément,

de ses grands instituteurs, les deux nations renonçaient à leur domaine propre et ne pouvaient développer les formes nobles et achevées de leurs écoles de musique religieuse. Et même ainsi, notre décadence fut plus déplorable que celle de l'Italie. L'Italie avait inventé, bon ou mauvais, un genre nouveau duquel ne tardèrent pas à être tributaires toutes les nations d'Europe. L'Espagne paya le tribut (nous le payons encore à la fin de ce XIXe siècle). Nous appelâmes à notre capitale et à nos théâtres des sociétés italiennes d'opéra, accompagnées de leurs compositeurs; on nous imposa, par ordre royal, l'opéra italien, et nous subventionnâmes les scènes où l'on représentait ce spectacle. Nous voulûmes, comme l'Allemagne, la France et d'autres nations, apprendre à composer des opéras; mais, sous l'influence de cette domination, nous composâmes des opéras à l'italienne, parce qu'il n'existait aucun autre modèle. Nos compositeurs nationaux essayèrent de revendiquer leur place au théâtre, tonnant contre l'envahissement des italiens, et nous vînmes aboutir à la production du vaudeville et de la farce populaire, avec des caractères analogues au *flamenquisme* d'à présent. Insistant dans cette tentative, et malgré les essais répétés constamment avec quelque opéra sérieux qui n'avait d'espagnol que le poème, le phénomène se reproduisit: les compositions de García et d'autres eurent pour résultat de ramener une fois de plus la mode des chansons andalouses parentes de la chansonnette, ce qui ne pouvait élever le genre populaire et indépendant. Nous fondâmes des Conservatoires et des Lycées artistiques, mais tout cela fut insuffisant à combattre la mélomanie italienne, non seulement caractéristique de cette époque sinon également de la nôtre, quoique cela paraisse incroyable. Toujours vaincus par la prééminence des formes techniques de l'opéra italien, on dirait que ces mêmes Conservatoires, où l'éducation technique a été et continue d'être défectueuse, et que ces Lycées, où le plat de résistence des spectacles était toujours, sinon l'opéra entier, du moins un fragment d'opéra italien, ne naquirent que pour fomenter cette déjà si intense mélomanie. Nous nous mîmes à discuter sur ce thème, en feuilletons et même en livres, et, pour bien faire les choses—à l'espagnole, cela va de soi—nous nommâmes et constituâmes des *Juntas* dans l'unique et bien déterminé but de créer l'opéra espagnol, comme qui dirait de produire une génération spontanée; loin d'améliorer, par de si patriotiques et louables tentatives en lesquelles sont inutiles les comités et les commissions, et les rapports et les mémoires, avec plus de confusion que jamais, parce que ces choses-là ne sont point excusables en des temps si rapprochés du nôtre, alors que déjà d'autres nations nous indiquaient la route que nous devions prendre pour sortir de l'ornière esthétique en laquelle nous retenait l'opéra italien, nous réussîmes, ce qui était toujours ça, à relever un peu, non point l'opéra, mais bien la *zarzuela* proprement dite.

Nous cessâmes d'être, et nous méritâmes bien de figurer sur cette ligne sur laquelle nous figurons comme cultivateurs de musique, depuis le moment où nous abandonnâmes l'idéale direction si bien tracée et ne sûmes pas déployer toute notre puissance originale et toute la plénitude de notre inspiration.

Quoique nous nous soyons laissés pénétrer par les effluves de cette autre forme idéale, purement humaine et qui n'appartient exclusivement à aucune nationalité, en les aspirant assis à l'ombre de nos jardins méridionaux, nous eussions pu apprendre à chanter dans le mode propre de notre art.

Gluck (1), remontant à l'ancien et clair

(1) Le père Estéban de Arteaga, appliquant ses théories d'un mode concret à la musique, écrivait, vers le troisième tiers du siècle dernier: «Le véritable goût philosophique et la perfection en tout art imitatif, consiste en la reproduction plus ou moins embellie de la nature, et dans l'expression de l'objet qu'on veut peindre, sans le défigurer ni le charger plus que ce que ne le permet le caractère même de l'imitation, ce qui, en musique, ne s'obtient que par la simplicité, la vérité et le naturel; toute beauté qu'on y ajoute, en dehors de cet objectif, n'est qu'une imperfection ou un défaut de plus.» *(Le Rivoluzione del teatro musicale italiano.)*

En cela l'excellent jésuite démontrait la complète identité de ses vues avec les idées que Gluck avait exprimées dans sa fameuse Lettre-Dédicace d'Alceste au grand duc de Toscane.....

Mais notre auteur (comme le père Andrès) va encore plus loin que Gluck, et démontre que l'opéra devait être «le spectacle courant qui dérive rigoureusement d'un sens idéal, retrocédant pour avancer, victime de l'utopie, *musica ancilla Poesis,* quoique se heurtant à l'obstacle des formes traditionnelles de l'opéra, met à jour tout le développement du drame lyrique, toute la puissance et la beauté de sa conception, spécialement quand il sent la nécessité d'élargir ces formes, impuissantes jusqu'alors, et de les enlacer pour soutenir une action dramatique robuste et forte.

Le *postulatum* dramatique de Gluck, qui réclamait et, en quelque sorte, préparait l'avènement des continuateurs de ses tendances et de ses immortelles conquê-

---

réunissant tous les plaisirs de l'esprit, de l'imagination, du cœur, de la vue et de l'ouïe, combinés entre eux pour agiter l'âme de l'homme et la surprendre»; il affirme que le style de l'opéra ne doit pas être exclusivement *dramatique*, mais *dramatique lyrique*, sans exclure les effets pittoresques»; que la mélodie doit réveiller «les sensations que produisent en nous ces objets qui ne tombent pas sous la juridiction de la musique ou bien exciter des sensations auditives équivalentes aux impressions des autres sens»; enfin, que le drame lyrique serait «le plus grand effort des Beaux-Arts réunis..... un enchaînement continu de l'âme, ce à quoi concourrent tous les Beaux Arts».

tes, produisit en la manière d'être des compositeurs une espèce de *modus vivendi*, et, à la longue, la «dramaticomanie», avec le bouleversement des expansions expressives du chant et autres abus de forme et de fond, et amena toute cette production hybride, quoique géniale parfois, conséquence d'une idée mal exposée et mal réalisée qui ne satisfit ni le goût ni la raison.

L'opéra revint à l'idée initiale des florentins, à la tragédie lyrique des grecs, qui était drame et non mélodrame, ou mieux, qui n'était pas musique dramatisée, en tant que musique (système français), ni drame *musiqué* si l'on peut s'exprimer ainsi (système italien), sinon drame *musiqué* en tant que drame (système appelé de *l'avenir*—qui est déjà le présent)— mot inventé par les commentateurs de Wagner.

Et il n'était que temps. Toute la synthèse historique de l'évolution du drame lyrique, depuis l'apparition de la *monodie* des maîtres florentins (1590) jusqu'à nos jours, s'était développée laborieusement en trois dates d'intérêt exceptionnel, et se trouvait glorieusement appliquée en trois œuvres capitales:

1601.—Caccini: Préface *Nuove musiche.*

1769-1770 (1).—Gluck : Prologues ou Lettres-Dédicaces des opéras *Alceste* et *Pâris et Hélène.*

1852.—Wagner: *Oper und Drame.*

La musique toute musique, musique pure, allemande ou italienne, ne peut balbutier «l'idée de son verbe», ne sait contenir les battements de son *rythme,* ne peut traduire les plaintes de son *accent.* Comme l'alouette shakespearienne, elle chante, chantera et chantera toujours, aux portes du ciel; elle éclatera en ces lyrismes psychiques, soupirs, désirs intimes insatiables du cygne mourant, Humanité, jusqu'au dernier jour de sa triste existence.

Le *chant,* vie de la vie de la musique, et le *motif,* pensée du chant, sublime énoncé des propos célestes, ont donné à l'esprit la clef de ce miracle que la musi-

(1) Dates des éditions de ces deux opéras; celles de leur représentation sont 1767 et 1769.

que seul réalise: l'universel langage des âmes.

Le drame lyrique, la *dixième muse* de notre époque glorieuse, a conquis le Parnasse des temps modernes et a victorieusement prouvé que les arts de la parole et du son, hégémoniques et spirituels par nature, peuvent surexhausser les limites propres de tous les modes de l'art, en réalisant, complète et définitive, l'inextricable fusion et l'intromission des manifestations diverses de l'art suprême, idéal et esthétiquement *unique*.

Cette suprême aspiration de la vie esthétique de l'homme, que j'oserai appeler *monumentalité artistique* ou, classiquement, le *moment surélevé* de l'art, reproduit dans le drame lyrique, qui n'est ni poésie seule ni musique seule, un monde artistique différent de l'actuel, que matérialisent le chorégraphe et le scénographe, et que le poëte et le musicien spiritualisent par des situations dramatiques et de passionnés accents.

Musique toute musique! musique pure! cherchez-la dans Beethoven. Poésie toute poésie! poésie pure! demandez-la à Shakespeare. Musique véritable et véritable poésie, étroitement unies, le drame lyrique nous les offre.

J'ai, tout à l'heure, prononcé le nom de Wagner.....

Wagner! On lui a imputé la prétention de réformer la musique, alors que ses traits n'étaient dirigés, non point à elle, mais au *mode musical* de l'art au théâtre.

Et cela est si vrai que, selon la juste phrase de Letamendi, qui a vu clair et profond en ces choses, «au savoir *non musical,* Wagner a dû le salut de son honneur et de sa musique.

Oui, Wagner est un homme de génie colossal, un grand peintre, un grand poëte, un artiste inimitable, figure lumineuse que seuls les bien tempérés peuvent regarder de près quand ils essayent d'étudier et d'analyser son œuvre, non à la poursuite d'une imitation servile, mais d'une application de sa puissante esthétique appropriée aux moyens personnels de chacun: les continuateurs de Michel-Ange, exagérant ses tendances, condamnèrent l'anatomie sculpturale à une horrible torture; tel, autour de Wagner, pullule et pullulera pendant longtemps, un microcosme voué à une éternelle stérilité.

Wagner a créé une poétique nouvelle, allemande, convaincue, d'incalculables portées, oui, mais distincte du caractère de notre génie latin. Qu'on admire autant qu'on le voudra la base féconde philosophico-esthétique sur laquelle est assise toute sa production! Plus on l'admirera, plus on se convaincra qu'en matière d'art, soit musique, soit littérature, soit la manifestation qu'on voudra, les sentiments des nations méridionales seront toujours différents de ceux des nations du Nord: en celles-ci on produira Hamlet; en celles-là, *A secrète injure secrète vengeance:* le poignard vengeur raisonnera dans la bouche d'Hamlet avant de se clouer dans les entrailles du coupable; l'épée de Caldéron, sans autre raisonnement ni autre impulsion que celle de l'honneur outragé, ira droit percer la poitrine du traître.

Artistes du midi, je vous répéterai ici et toujours: Aspirons les essences de cette forme idéale purement humaine, qui n'appartient exclusivement à aucune nationalité, mais aspirons-la assis à l'ombre de nos jardins méridionaux.

III

La composition du drame lyrique, selon la théorie de Wagner, doit se baser sur le développement de certains thèmes typiques conçus dans un sens parallèle à la succession des faits qu'expose, précise et commente l'orchestre qui, dans une certaine limite, remplit les fonctions de l'antique chœur grec et parle en la voix du Destin, de la Conscience et de la Volonté suprême.

La mélodie doit jaillir de la mélopée poétique: paroles et musique doivent se confondre étroitement, chacune sacrifiant son individualité propre au profit de la compénétration absolue; si le chant dramatique doit posséder l'accent du vrai, le compositeur doit se servir de la déclamation comme matière première et essentielle; avant Wagner, Grétry avait dit:

la déclamation est l'unique principe de la bonne musique, et, longtemps avant Grétry et Wagner, notre savant jésuite, le père Juan Andrès, avec son admirable précision d'idées avait écrit, en 1782, que *la musique devait appliquer les tons qui correspondaient le mieux aux situations des personnages et aux expressions des vers, de manière à rendre plus vives et plus animées les passions qu'ils expriment; qu'un chant opportun donnait plus d'âme aux vers et plus de chaleur aux sentiments que la simple représentation; qu'un orchestre discret rendait plus vif et plus agréable le chant, et, qu'en somme, tout devait concourir à animer plus et plus la poésie du drame.*

. . . .

La doctrine de Wagner sur le thème ou *Leitmotiv* est bien connue. Dans l'opuscule *Por nuestra música,* j'élucidai la méthode que Wagner a suivi pour l'invention et l'adaptation du matériel mélodico-harmonique au drame.

Sans repousser entièrement le *Leitmotiv* ni se séparer beaucoup des idées de Wagner sur le drame lyrique en général, l'école russe moderne qui a surgi subitement, comme d'un bond, et qui a toutes mes sympathies, a modifié un peu les tendances de Wagner en les formulant en ces termes:

«La musique dramatique doit posséder toujours une valeur intrinsèque comme musique absolue, abstraction faite du texte.

»La musique doit être en parfaite concordance avec le sens des paroles.

»La structure des scènes qui composent un opéra doit dépendre entièrement de la situation réciproque des personnages, ainsi que le mouvement général de l'ouvrage.

»Les chœurs représentent la multitude, le peuple, et non pas uniquement les choristes; ils doivent être conçus dans un but déterminé, et non point s'intercaler dans l'œuvre à l'unique fin d'offrir un contraste entre deux pièces de caractère distinct, ou de fournir une occasion de repos aux solistes.»

La nouvelle école russe tend en outre à exprimer musicalement le *caractère* et le type des personnages avec tout le relief possible, à modeler, pour ainsi dire, d'un trait décisif les phrases de chaque partie et de chaque personnage en un moule individuel et non général, à caractériser avec une rigoureuse vérité l'*époque historique* du drame, et à traduire avec la plus grande exactitude et dans tout son sens poétique la *couleur locale,* les parties descriptives et pittoresques de l'action.

Ces principes ont sans doute de grandes affinités avec les idées de Wagner; mais les procédés pour obtenir un résultat identique diffèrent, cependant, entre les deux écoles.

Les musiciens russes, comme le maître allemand, ont accepté tous les éléments de l'art polyphonique dans le drame lyrique, mais non point en tant que prépondérants. Ils ne subordonnent jamais, ni complètement, les voix à la scène: ce sont celles-là qui dominent. Ils ont imaginé des formes plus lyriques, de préférence aux formes symphoniques adoptées par Wagner. Ils confient au chanteur l'expression de l'idée principale. Si la fusion rigoureuse des paroles avec la musique est le premier précepte comme en celle de Wagner, de l'école russe, celle-ci repousse cette monotonie du *récitatif*, dont abuse extraordinairement le maître allemand. Celui de l'école russe est mélodique, et la déclamation, sans rien perdre de son caractère, acquiert de ce mode si idéal *(melismo)* un intérêt lyrique plus accentué.

Quant au *Leitmotiv*, j'ai dit déjà que l'école russe l'évitait autant que possible, quoique sans le dédaigner absolument. Mes idées sur ce point sont celles-ci: chaque personnage doit posséder sa caractéristique mélodico-harmonique spéciale, et cette caractéristique doit apparaître développée en thèmes transformés suivant les situations générales et expressives du drame, et chaque fois que l'exigent celles particulières et expressives du personnage, en tous les incidents intérieurs et extérieurs de l'action. En somme, la doctrine de notre Père Juan Andrès: appliquer au drame les tons, thèmes ou motifs *(Leitmotiv)* qui correspondent parfaitement aux situations des personnages, à l'expression des vers, et qui rendent plus vifs et animés les sentiments qu'ils expriment.

Par conséquent, j'entends qu'on ne doit pas concentrer absolument l'intérêt dans l'orchestre, si cela doit détruire l'importance que la partie vocale a, en réalité, dans le drame.

L'orchestre n'exposera pas certaine classe de thèmes qui semblent condamner les personnages à émettre des fragments de mélopée ou des récitatifs qui, pris séparément, ne possèdent aucune valeur intrinsèque et n'ont aucun sens précis.

Les personnages d'un opéra soutiennent la trame et l'intérêt scénique, et leur intervention dans l'ouvrage ne doit pas être réduite à compléter l'orchestre; ils prononcent des paroles vers lesquelles converge nécessairement la musique, puisque c'est par eux et en eux qu'existent l'action et la musique même du drame. Sauf dans de rares occasions, on doit concéder toujours aux personnages du drame la suprématie musicale. Qu'ils apparaissent entourés de tous les motifs que les situations exigent; mais que les thèmes se transforment chaque fois que le drame le réclame, car, en se développant et se diversifiant sous de différents aspects de ton, de mode ou d'instrumentation, ils ne perdent point leur unité et servent à peindre le caractère du personnage avec toute la variété désirée.

IV

Depuis vingt ans le monde musical a souffert de profondes transformations au point de vue des idées et des tendances.

Le centre autour duquel tournait jadis la composition dramatique n'est plus le même. L'influence de l'école italienne s'éteint, et Verdi lui même, son plus illustre et, encore aujourd'hui, le plus militant de ses représentants, a adouci et «suavisé» son fougueux tempérament en le calmant à la chaleur modérée d'un art plus sévère et plus pur, sans donner, malgré cela, satisfaction à l'instinct national de son pays.

La musique européenne moderne a obtenu en notre siècle de lyrisme tous ses admirables développements, passant de la

Flandre, la grande institutrice, à l'Italie, puis de l'Italie à l'Allemagne, et se subdivisant aujourd'hui en de distinctes écoles nationales.

Le cachet particulier, la spéciale inspiration d'un art propre ou le caractère d'une école lyrique, ce qui revient au même, doit se chercher et, heureusement, se trouve ainsi que l'ont trouvé certaines écoles lyriques écloses subitement sous l'impulsion de cette révolution «modernissime» de l'art, dans l'un de ses plus puissants agents, dans le chant populaire *personnalisé* et traduit en formes correctes.

Sous le double aspect du texte et de son revêtement musical, c'est le grand révélateur des forces créatrices d'une nation; et non seulement la puissance d'inspiration libre et l'indépendance de formes qu'il offre, et qui s'accommodent mal avec les théories scolastiques, doivent appeler l'attention du musicien intelligent, mais encore l'intérêt philosophique, littéraire et ethnologique que présente le chant populaire facilite tout un ordre d'expériences ultra utiles qui exercent une grande influence sur l'imagination du compositeur, en vivifiant et stimulant son inspiration. Les inappréciables éléments qu'il procure, bien maniés dans les plus hautes conditions de l'art, et mis en exercice par une intelligence apte à comprendre les diverses tendances du génie national d'un pays, ont été la cause et le point de départ d'écoles lyriques déterminées et d'œuvres capitales dans l'histoire de l'art.

Le chant populaire, cette *voix des peuples,* la pure inspiration primitive du grand chanteur anonyme, passe par l'alambic de l'art contemporain et devient sa quintessence; le compositeur moderne se nourrit de cette quintessence, il se l'assimile, en la revêtant de délicates apparences par lesquelles la musique—et seulement la musique—peut nous démontrer tout ce dont il est capable et tout ce que comporte la forme, au point de vue technique, grâce à l'extraordinaire développement, inconnu des siècles passés, qu'a acquis notre époque.

Le chant populaire fournit l'accent, le fond, et l'art moderne fournit également ce qu'il a: un symbolisme conventionnel et la richesse de formes qui sont son patrimoine. Équation parfaite d'un énoncé de hautes beautés, dérivée de la relation harmonique qui existe entre la forme et son contenu.

De cette heureuse association avec le théme populaire et correct à la fois, nait non seulement la couleur locale, mais également celle de l'époque qui, toutes deux, s'incorporent dans l'œuvre du compositeur. Joint au cachet ou à l'air de famille, le thème porte en soi l'adaptation au milieu ambiant, la simplicité et le naturel élevé en doses équilibrées. Détachez du thème la personnalité de l'artiste, et vous notez à la fois, en lui, arrière goût et fredonnements d'accents comme de voix entendues. En se fondant en divers éléments, et le fond influé par une tendance cosmopolite, le thème acquiert un cachet de personnalité vigoureuse et «inconfondable» jusque dans les cas où le projet d'adopter des formes éclectiques semble le plus décidé.

Mon ami, l'érudit et modeste jeune augustin, le père Uriarte, un des plus fins critiques musicaux parmi les très rares que nous avons en Espagne, avec lequel je vis en intime et continuelle communication de principes esthétiques, définit le *lied* en disant que le genre de pièces courtes, qui en allemand se nomment *lied* (et avec ce même vocable intraduisible dans les autres langues ou avec celui de *romances* ou simplement *mélodies,* en égard à leur élément dominant), *est le chant populaire transformé.*

Elargissant le cadre de forme, et de manière à ce que le *lied* acquiert le développement dramatique voulu, ne peut-on affirmer que le *drame lyrique national* soit le même *lied* agrandi? Le drame lyrique national n'est-il pas le produit de la force d'absortion et de la vertu créatrice nécessaires pour transformer les éléments? Est-ce qu'en eux, non seulement toute l'idiosincrasie artistique de chaque auteur, mais encore toutes les manifestations artistiques homogènes d'un peuple reflétées d'admirable manière, n'apparaissent pas comme copiées en toute fidélité?

Donc le *drame lyrique national* est le *lied* développé dans des proportions voulues pour le drame; c'est le chant populaire transformé.

Le tempérament artistique du pays dont il émane et, *conséquemment, son caractère*, existe dans le chant populaire.

Et maintenant, deux mots sur le chant populaire espagnol.

V (*)

. . . .
. . . .
. . . .

VI

Je ne me préoccupai ni peu ni beaucoup du choix de la langue en laquelle serait définitivement écrit le *libretto* sur lequel je composai la musique de la Trilogie,

(*) La nécessité d'abréger cet AVANT-PROPOS m'empêche de reproduire ici certains détails qu'on pourra lire, d'ailleurs, intégralement dans la brochure déjà citée, dont ce travail est un extrait. (Voir pages 42 et suivantes.)

dont le poème original est en idiome catalan. L'habit ne fait pas le moine, et ce n'est, non plus, le choix d'une langue ou d'une autre qui fera que la musique cessera d'être, suivant sa tendance, allemande ou italienne.

C'est le catalan qui me servit parce que, comme je viens de le dire, l'œuvre originale était écrite en catalan, et parce que le catalan en général, et surtout celui qu'écrit Balaguer, se plie admirablement à tous les tons, se prête à toutes les modulations; parce que le catalan est parfaitement musical, musical, à mon sens, comme aucun autre langage, plus même que celui que l'on a baptisé «la langue officielle ou naturelle de la musique»; parce que le lyrisme particulier de la poésie catalano-provençale s'adapte mieux qu'aucune autre à la musique; parce que le catalan, l'inspiration même du poëte et le génie de la langue limousine, en un mot, était bien de nature à former ce milieu ambiant où je voulais me placer pour entreprendre la composition de l'ouvrage.

Celui qui ne pourra ou ne voudra comprendre toute la force de ce raisonnement préliminaire sur les «excellences musicales» du catalan, ne sera pas capable de sentir toute la beauté d'une infinité de traits exprimés avec une concision et une force extraordinaires, qualités auxquelles se prètent admirablement, lorsqu'ils sont maniés par de véritables poëtes, tous les dialectes dérivés de la langue d'Oc, et, plus qu'aucun, je le répète, le catalan..

Balaguer procède des classiques grecs et latins, par la variété de son talent de poëte, la facilité avec laquelle il subordonne à son inspiration le langage poétique, son idéal, ses tendances, la liberté dans l'art qui lui a servi pour transformer tant de genres de poésie tombés en désuétude, en leur infusant une sève moderne. Tous les modes, reflets du poëte qui cherche bien la lumière et le ton qui conviennent aux conceptions artistiques, dans lesquelles ne doivent jamais manquer—et dans celles de Balaguer elles ne manquent point—les trois choses nécessaires à l'homme qui se dédie aux lettres: l'honnêteté littéraire, le cœur et la conscience, dérivent de cette jolie langue poétique en laquelle chantèrent les anciens trouvères de la côte supérieure de la Méditerranée.

Mes convictions, sur l'union du texte et de la musique, solidement établies, firent que la question du choix d'un poème ne fut pas traitée légèrement et que, libre, sans pression de personne, je recourus á la production d'un grand poëte et, dans toute son œuvre, très importante en qualité et en quantité, les deux parties qui devaient un jour entrer dans le cadre d'une Trilogie: *Le comte de Foix* et *Rayon de lune*, publiées il y a plus de quinze ans dans sa collection de tragédies, appelèrent précisément mon attention.

Si l'art doit s'élever du bon choix d'un sujet, il n'est pas douteux que, du plan et des conditions musicales qu'offraient ces deux parties, pouvait, une fois la Trilogie complétée, surgir une production qui, si réussie en ses moyens d'expression, soit une œuvre d'art et une vraie manifestation de l'art national, dans les deux sens poétique et musical.

Ayant trouvé, heureusement et sans difficulté, le milieu dans le poème de Balaguer, je reconnus en ses vols lyriques et dans ce qui prêtait à la fusion intime avec la musique, que sa grande puissance expressive aspirait à se résoudre dans la musique, du moment que je perçus et sentis que la musique de cette œuvre pourrait être l'accomplissement d'une nécessité que parfois seule la poésie peut satisfaire.

Pour ces causes et d'autres, et, surtout, par la filiation littéraire de l'auteur du poème, on me donna le *libretto* déjà construit de manière à pénétrer jusqu'aux fibres les plus ténues du tissu musical, se résolvant, par cette raison et entièrement, ses idées expressives dans le sentiment. Le poème ne se bornait pas à décrire simplement, mais il offrait dans tous ses développements passionnés une représentation réelle qui touchait les sens en sa forme plus appliquable, le drame.

Le poëte, dans l'œuvre commune, pour la raison, heureuse en ce cas, qu'il n'était pas musicien, ne se préoccupa point d'examiner si, dans un *libretto* d'opéra courant il y avait un ensemble invariable de formes musicales que lui prescrivaient d'abord les lois déterminées auxquelles devait s'adapter tout l'échafaudage dramatique qui lui incombait. Comme il ne pensa pas écrire un livret d'opéra, ni crut que jamais, en véritable poëte, il aurait «à faire» dans ce genre de littérature, il ne se vit pas réduit par la nécessité—par cette terrible nécessité qui mit en la plume de Goëthe même et aussi de Victor Hugo, les trivialités et vulgarités propres au genre—à rabaisser, dans l'invention du sujet et la composition des vers, son talent au point de tomber en cette proposition désespérée de Voltaire (incliné en théorie à admettre que l'idéal du drame se pouvait obtenir dans l'opéra) dans laquelle il affirmait, en se référant aux opéras de tendance déterminée qui se représentaient de son temps, que ce qui était indigne d'être déclamé se chantait (ou se dansait, car on en arriva alors à de telles extrémités, et, jusqu'à un certain point, nous faisons encore aujourd'hui quelque peu ainsi).

VII

Dans ce qui me reste maintenant à dire, et qui formera la dernière partie de ce trop long écrit, je particulariserai mes intentions, tout le plan et les détails de la partie musicale de la Trilogie, et cela, au moyen d'exemples, non pas de leçons, car je ne veux pas avoir la puérile complaisance de signaler les sources des principaux thèmes de l'ouvrage, non dans la crainte qu'un autre, plus heureux que moi, tire meilleures conséquences de l'ordre d'idées exposées, s'il est bon, ou suive une autre voie, s'il est mauvais, mais seulement pour le bien et en honneur de l'ouvrage d'art national.

La tranquille spontanéité dans la production de mon travail, réalisé sans abattement, fatigue ni inquiétude, et écrit dans un très-court espace de temps, presqu'au courant de la plume, après en avoir établi les lignes principales, fut due, à mon avis, aux avantages acquis par un autre ordre d'études plus ou moins en rapport avec le principal et purement technique, qui précéda la composition de l'œuvre. Etant donnée cette préparation de l'esprit et l'imagination nourrie de telles études—préparation d'esprit non sollicitée et pour ainsi dire inconsciente—je me proposai de ne me séparer en rien des traits principaux de l'action, et d'amplifier ceux qui seraient de nature à placer en son véritable jour le coloris caractéristique du sujet choisi, que je tâchai d'approprier de toute ma force et avec une conviction artistique aux motifs internes de l'action et cherchai à identifier à l'action elle-même. De ce centre, que j'appellerai intime, surgit spontanément la forme musicale extérieure de la Trilogie.

J'écartai les contours du poème qui ne convenaient pas à mon plan, non seulement pour éviter l'extension trop grande de la composition, mais encore parce que son développement et sa forme ne pouvaient dépendre d'eux; pour cette raison, la musique de cet ouvrage ne présente point cette répétition obligée et forcée de paroles qui excusent certains développements excessifs et soudains de la mélodie;

je n'ai point fait usage de ce recours, véritable commodité, corruption pour mieux dire, parce que les paroles ont l'extension destinée à la mélodie, et que la mélodie est construite poétiquement sur les nécessités des paroles. La forme poétique, complète et clairement indiquée dans le poème, a été avantageuse et telle qu'il convenait qu'elle fût, étant donné le caractère de l'ouvrage. J'ai la ferme conviction que les deux se sont incorporées réciproquement. La forme musicale, bien indiquée dans le poème, je pus lui donner une valeur particulière concordant exactement avec l'objet poétique. Il en est tellement ainsi, que la mélodie et sa forme présentent des développements très précis qui n'auraient pas pu être obtenus en dehors de cet ordre d'idées.

De même que le musicien, le peintre est dans son droit en s'inspirant des documents de l'époque convenant à ses œuvres. Plus qu'un droit, je crois que c'est un acte de conscience artistique que de remonter avec intelligence les courants artistiques, et un acte fécond de grand intérêt d'art que d'étudier le passé pour comprendre le présent.

La transformation d'une mélodie ou seulement de quelques notes, d'un rythme ou d'une simple formule mélodique, n'a rien de commun avec le plagiat effronté d'auteurs aussi pauvres d'esprit que mesquins de conscience; l'assimilation de tels éléments est un acte volontaire de goût et de conscience, qu'on peut réaliser ou ne pas réaliser, auquel dernier cas ces éléments peuvent être remplacés facilement par des idées similaires ou identiques, car, que je sache, nul ne demande à son voisin l'aumône de deux mesures de musique quand il possède une mine ou un filon pour inventer tout ce dont il a besoin.

En de nombreux cas, que je spécifierai en temps, je me suis approprié non des mélodies ou de simples formules et traits mélodiques usuels du répertoire, mais je les ai inventés sans imiter aucun modèle déterminé.

En tout cas, et il est bon de le consigner, les éléments assimilés ne m'ont pas fait tomber, du moins je le crois et même j'oserai l'assurer, dans l'extrême de *faire* art d'érudit, mais purement historique ou archéologique.

Le travail de préparation eut d'abord, pour objectif, la mise en musique, en cherchant la note caractéristique spéciale et propre de chaque personnage, des deux chansons de RAYON DE LUNE, de la *Tenzon,* du *Lai* de MIRAVAL et du *Serventesio* de SICART qui apparaissent dans la première partie de l'ouvrage. Du caractère de ces mélodies devaient se dégager les conséquences de couleur et du milieu ambiant en lequel devaient vivre et se mouvoir les trois personnages cités, musicalement parlant. A mesure que j'avançai dans ce travail préliminaire, je notai avec plus de clarté, que les éléments apportés à l'œuvre artistique et lui donnant un caractère tout spécial par le grand contraste qu'ils présentaient mis en parangon avec les «efféminations» de la musique moderne, ces efféminations luttaient et luttaient désavantageusement; et, en cela peut être l'ouvrage gagna, mis en contact, *verbi gratia,* avec les modalités du chromatisme oriental, avec les grandioses ampulosités du plain-chant, inspirateur direct de beaucoup de chants populaires, avec le matériel musical «trouvèresque» influé par le contact avec les peuples d'Orient (croisades), et modifié profondément par la diffusion des modes arabes, par la sève que l'art du midi de la France reçut du nôtre et de celui des maures d'Aquitaine et de la Gaule narbonnaise, faits bien établis par l'examen des documents musicaux de cette époque.

Il me manquait de prouver, cependant, que les conséquences mélodiques, harmoniques, et les idées musicales en général, devaient dériver, précisément, des idées mères ou typiques de ces mélodies. Je m'adonnai, ensuite, à l'invention des thêmes caractéristiques de la Trilogie, repoussant ceux qui ne pouvaient se prêter à toutes les multiples modifications que l'action réclamait. Je développai, mentalement, selon leurs tendances originaires, les germes distincts contenus dans les thêmes, et les formes thématiques et toutes leurs modifications apparurent, avec plus ou moins de précision, mais avec les passions fondamentales des personnages. Je jugeai que je devais procéder ainsi et non d'un mode absolu, car, en des occasions déterminées, quand je me trouvais avec le personnage en telle ou telle disposition d'esprit, l'impression mélodique correspondante se répétait ou non, et, dans le premier cas, je considérais qu'il eut été arbitraire d'en inventer une autre, si le thême apparaissait intelligible et clair pour tous.

Ceci dit, en manière de préliminaire, j'entre maintenant de plain-pied en la partie de l'exposition des intentions esthétiques contenues dans la musique de la Trilogie, me servant de renvois pour pouvoir consulter ici, avec plus de commodité que dans les exemples intercalés dans le texte de l'opuscule *Por nuestra música* déjà cité, la réduction pour piano et chant de la partition que l'on peut maintenant avoir sous les yeux.

Ce travail analytique, comme on le comprendra, ne se marie pas, pour ainsi dire, avec le *Prologue* de l'ouvrage, qui arrive à être un résumé thématique expositif des principales idées musicales des trois parties de la Trilogie. Qu'il me soit permis, cependant, de noter deux ou trois brèves indications qui renforceront par l'exemple quelques idées et tendances exprimées en cet écrit.

Les six accords que jouent les trompettes, *tubas* et *bocinas* romaines, sur la scène, au commencement du Prologue, avant la levée du rideau *(voir page 1, mesures 1 à 19)* reproduisent l'harmonisation de l'*alleluia* du finale dudit Prologue *(des premières mesures de la page 63 et suivantes), alleluia* qui revient, en entier ou par fragments diversement commentés en deux situations distinctes du même finale *(page 32, depuis la troisième mesure, et 38, depuis la neuvième).*

La forme de la marche harmonique que l'orchestre attaque *pianissimo* sur la tonique de ces accords qui s'éteignent sur la note *ut*, unisson des trompettes *(page 1, mesure vingtième, reproduite nombre de fois)*, a de nombreux précédents en certains passages polyphoni-classiques communs à toutes les écoles anciennes; je l'ai développée dans ce sens avec l'idée de revêtir le Prologue d'un caractère mistique-idéal qui, à mon avis, était celui qui lui convenait le mieux.

Comme précédent de forme du passage cité et point de départ du développement ou ampliation harmonique que je lui ai donné, consultez le fameux madrigal de Palestrina, *Alla riva del Tebro.....* qui, avec d'autres exemples consultés, me suggéra l'idée de l'ampliation de cette formule harmonique en la fixant infailliblement comme il apparait dans le cas cité, sur la sous-dominante du mode majeur *(page 1, mesures 20 et suivantes),* ou transformée, comme on le voit en d'autres cas dans lesquels la formule harmonique s'appuie sur la sous-dominante du mode mineur, de manière qu'elle m'offrait tous les éléments favorables pour la présenter en forme de progression tonale ascendante de ton en ton, telle elle apparaît en situations déterminées du Prologue *(pages 8, 26 et 37).*

Le chœur de moines qui s'entend au

loin, presqu'au début du Prologue *(pages 9 et suivantes)*, est un très-curieux et intéressant faux-bourdon du premier ton *(second flexo, mediation et finale)* que je publiai dans la partie de la BIBLIOGRAPHIE MUSICALE ESPAGNOLE parue jusqu'à ce jour *(Los músicos españoles antiguos y modernos en sus libros)* et que je choisis parce que c'est une œuvre qui, véritablement, honore l'ancienne école de musique religieuse espagnole.

Le *Fr. Thomas de Sancta Maria* publia ce joli spécimen dans son ouvrage, ***Libro llamado Arte de tañer fantasía, assi para Tecla como para Vihuela.....*** (Valladolid année 1565), avant que Palestrina ne composat sa fameuse messe *Papa Marcelo,* et avant que notre célèbre Luis de Victoria, natif d'Ávila, (mis à la tête de la maîtrise du Collège Germanique de Rome tandis que Palestrina était à la tête de celle de la Chapelle Sixtine) ne produisît cette puissante création esthético-lithurgico-musicale qui s'appelle l'Office de la Semaine Sainte.

Plus loin j'expose les motifs de haut intérêt patriotique artistique et d'orgueil national qui m'ont conseillé de présenter celui-ci et d'autres documents glorieux comme hommage tributé à l'école de la patrie, qui est un livre d'or ouvert pour tous, livre où palpite, respire, vit ce cachet particulier, cette *note caractéristique nôtre* dans l'histoire de l'art musical.

J'ai déjà dit tout ce qui se réfère au *faux-bourdon* de l'ouvrage de Fr. Thomas de Sancta Maria, transcrit intégralement dans la partition depuis le second *flexo*.

Il me reste à dire quelque chose sur les conséquences de tout genre que, pour produire l'effet désiré dans l'Hymne de gloire ou *alleluia* du finale du Prologue (première strophe latine du motet du Samedi-Saint), m'a offert la transformation complète de forme et de fond, notez-le bien, et non pas une simple paraphrase de deux très-courts fragments de diverses compositions de l'insigne Cómes. (Voyez *Lamentacion* à onze voix, réparties en trois chœurs, pages 151 et 152, et le Psaume *Cum invocarem* à quinze voix, pages 98 et 99 de la collection d'œuvres espagnoles publiée par mon excellent ami Juan Bautista Guzman, volume premier). Voyez ces fragments dans l'original et comparez avec les ampliations que présente la partition *(pages 40 et suivantes)*. De cette comparaison on déduira quelles conséquences m'a offertes cette transformation, quels développements harmoniques ont pu s'obtenir et quels efforts magistraux peut produire la polyphonie ancienne magnifiée, pour ainsi dire, par les amplitudes, sonorités, progrès techniques et en fin tous les moyens que possède l'art moderne.

PREMIER TABLEAU

Le comte de Foix

Le premier thême expositif, qui apparaît en cette première partie ou premier tableau de l'ouvrage, est celui du CARDINAL LÉGAT *(voyez page 70, des mesures 6 à 13 inclussivement).*

Mélodie toujours transformée en tous sens, dans le *Prologue* et dans tous les actes, mais associée, indissolublement, à l'entité du personnage et à tous les traits de sa phisyonomie morale. La sensation que cause ce thême, chaque fois qu'il revient, est produite simplement par l'indécision calculée de la modalité au moyen d'intervalles de quarte et de quinte, altérés périodiquement, suivis de quelques intervalles de seconde mineure qui vont aboutir à cette note qui précède celle de la terminaison, toujours inespérée et, pour ainsi dire, pénible, du motif.

Par ordre, vient ensuite le passage harmonique de la page 72 *(mesures 8 et 9)*, d'intention expressive qui apparaît également dans le Prologue et dans tous les actes, destiné à pleurer la ruine et la mort de la patrie et des héros, ou l'espoir de la reconquérir.

Le motif musical correspond à la légende ou au mot de la devise de Foix: *Foix pour Foix et par Foix! Foix et Foix toujours!* exprimé par la sonnerie de clairons de la page 88, mesures 14 et suivantes, est une phrase typique suggérée par la variante mélodique d'un fragment d'une chanson de la Bourgogne.

Phrase diatonique jamais transformée en son dessin mélodique, destinée aux héros, à l'indomptable guerrier, au libérateur-espoir de la patrie opprimée, phrase, cependant, qui, selon les cas, revêt, au moyen d'une construction polyphonique très-variée, le caractère épique déterminé propre du personnage, et se présente: ici grandiose et pleine de majesté, là impregnée d'une certaine teinte obscure, présage de malheur.

Sa contexture mélodique ne se modifie pas pendant la première partie de la Trilogie. *(Voyez pages 78, 79, 86, 88 et 89, 90 et 91, 92, etc.)* Dans la seconde, le comte de Toulouse a pactisé avec le roi de France et le Pape, et le COMTE DE FOIX, après avoir soutenu une lutte héroïque, atterré, cherchant le moyen de soustraire ses cendres aux inquisiteurs et d'assurer la paix de sa tombe, se retire à l'abbaye de Bolbone, croyant ainsi échapper à la vengeance de l'Inquisition. Vaincu, impuissant, il essaie, de concert avec l'abbé du monastère, de tromper les perquisitions de ses ennemis; la mort d'un moine lui en suggère le moyen, et, sauf l'abbé, tous croient que c'est le comte qui est mort. La tête couverte d'un capuchon, accompagné de SICART et de RAYON DE LUNE, il assiste à ses propres funérailles. — «Ne vous le disais-je pas?—s'écrie-t-il—voyez-vous l'écusson de Foix?» (Le catafalque est en effet recouvert d'un grand drap noir sur lequel se detachent les armes de Foix.) La mélodie fondamentale de l'*appel* de Foix, emblème de la légende de sa maison, persiste; seul, le son de la note initiale a varié. *(Voyez page 238, mesures 11 et suivantes, ainsi que d'autres passages similaires du prologue et des actes premier, second et troisième.)*

Tout est perdu, la patrie, la liberté! La simple altération de cette note produit un changement d'aspect dans l'harmonie et dans la modulation: le héros a succombé avec la patrie; déjà il est tard; la mélodie transformée est, maintenant, l'expression de l'emblême funèbre de cet écu de Foix dessiné sur le drap mortuaire, de l'accent de victoire qui s'est changé en triste *lamento*.

L'*appel* distinctif de la gloire des Foix, qui, dans la troisième partie, revient encore, radicalement transformé, fut composé antérieurement et avant de connaître le finale de la Trilogie, qui n'était pas encore écrit. Il importe de consigner cela comme commentaire aux idées exposées antérieurement sur les *Leitmotive* en général.

Dans le *récit, racconto,* (ou comme on voudra l'appeler) de SICART (fin de la scène première de la première partie), quand ce personnage récite la légende du castel de Foix, il y a une variété d'éléments épars.

Le mouvement mélodique, exposé dans les trois premières mesures du *modérato* de la page 87, est une imitation d'un chant ecclésiastique des paroisses du Calvados (France), antérieur à l'adoption de la lithurgie romaine. Ce mouvement sert d'introduction au thême musical de la fameuse et très-ancienne chanson française, Jean Renaud, dont le sujet, d'origine celtique—selon Mr. Gaston Paris de qui les appréciations font autorité—a de nombreuses et équivalentes variantes en Espagne, Italie, Suède et Norwège.

Les mélodies en ligne droite et primitives comme celle-ci, offrent des contrastes admirables quand elles se laissent mouler aux grandes ressources de la polyphonie moderne.

L'*appel* de Foix qui, durant le Prologue et cette scène, s'est fait entendre par fragments et s'est transformé en une variété d'harmonisations, apparaît dans ce *racconto* dans toute sa simplicité *(page 88)* quand le personnage rappelle que là, dans la salle d'honneur, un jour que les assiégeants du château purent se croire les maîtres de la place, les dalles s'ouvrirent, les entrailles de la terre se déchirèrent et toute une armée sauveur surgit, fait qui, suivant le développement de la pièce, se répétera à la fin de la première partie de la Trilogie *(pages 207 et suivantes)*, quand le Cardinal Légat prétend s'emparer par surprise du château au nom du Pape et de la Sainte Croisade.

A part le *racconto*, tout le tissu mélodico-harmonique de cette situation converge, à la fin de la première partie, au moment où apparaît en scène le chef des guerriers et le vengeur de la patrie romaine, LE COMTE DE FOIX. *(Voir depuis la page 205.)*

Dans la composition de l'*intermezzo* instrumental destiné à accompagner les jeux et les danses des jongleurs *(pages 110 et suivantes)*, j'ai voulu amalgamer une variété d'éléments populaires de toutes classes: catalans, provençaux, basques, de traits mélodiques et rhythmiques de *voceri* corses, de chansons trouvêresques, d'anciens *balli d'arpicordo,* etc., dans le but de produire un morceau très-caractéristique et plein de coloris. Je ne m'arrêterai pas à signaler un à un tous ces passages et thêmes, mais je ne puis me dispenser d'indiquer l'expérience que j'ai prétendu faire dans le thême de l'*allegro, non molto (pages 116 et suivantes)*, non précisément dans le caractère de sa modalité—que peut facilement deviner celui qui est versé en cette classe d'études—mais bien dans la combinaison rythmique de temps en air relativement *lento.*

La mélodie qui sert de thême au colloque amoureux entre MIRAVAL (type du trouvère galant et efféminé, en contraste avec celui de SICART, type du trouvère passionné et «exaltateur» des patriotiques libertés) et BRUNISENDA, qui commence à l'*allegretto ma non troppo* de la page 122, est inspirée du thême initial d'une curieuse *Villanella Spagnuola,* intitulée *Amante felice,* de l'ouvrage *Affetti amorosi, canzonette ad una voce sola Poste in Musica da diversi Autori con la parte del basso, et le lettere dell' Alfabetto* (chiffre) *per la Chitara alla Spagnuola raccolte da* GIOVANNI STEFANI. *In Venetii, apresso Alessandro Vincenti,* MDCXXI.

La formule contrepointistique qui se trouve plus loin *(page 126, depuis la deuxième mesure),* quand Brunisenda interrompt le colloque du trouvère et que celui-ci lui fait des protestations de fidélité, en lui disant: «Demande à présent aux trouvères»... est une formule caractéristique de notre école de musique religieuse, extraite d'un ouvrage de l'insigne Cómes. Pour divers motifs, et ici j'expose ce que j'ai promis, je me suis assimilé ce fragment de l'un des plus fameux représentants de notre glorieuse école: 1° comme tribut et hommage d'admiration et d'orgueil patriotique; 2° comme exemple vif de l'influence que ces œuvres auraient eue pour le développement de notre art si on ne les avait point laissées dans l'oubli, abandonnant les utiles conséquences qu'offrait ce grand matériel éducatif; 3° comme éloquente démonstration de l'application des anciennes formes de la polyphonie à la polyphonie moderne, qui, par moments déterminés, peut trouver en elles tout un ordre d'effets et de beautés que notre art moderne même avec toutes ses ressources ne peut arriver, peut-être, à produire; 4°, parce que, par ces dites applications, (je répète ici avec plus de conviction ce que j'ai dit ailleurs) on élargit le cercle des modalités de la musique moderne, sensualisée par l'abus du chromatisme et de l'enharmonisme et condamnée à se mouvoir toujours et infailliblement dans le cercle de fer des modalités majeures ou mineures, constantes et inéluctables, comme si le diatonisme et ses incertitudes tonales n'existaient pas! comme si les modes anciens fussent tous lettre morte pour l'esprit, et que le germe de féconds et importantissimes développements ne se trouvât point en eux!

Ceci dit pour la satisfaction de ma conscience artistique, je dois ajouter que la part d'hommage tributée et conseillée par l'orgueil artistique national résulte ici et en autres cas, non seulement intéressante au point de vue historique, mais encore «altifiée» par la haute signification esthétique que présente la transformation que, dans la pratique contrepointistique, nos maîtres réalisèrent, en poétisant, en prenant leur vol et convertissant l'aride, le mathématique, le divisible en un tout inséparable, composé de science et d'inspiration, de méditation et d'amour. L'importance que prennent quantité d'œuvres de notre école quand l'ordre de beautés que présente la froide analyse se compare avec celui qu'offrent certains points de vue déterminés de confrontation historique, grandit considérablement, d'autant plus quand on note avec admiration (soit dit sans chauvinisme aucun); que l'art polyphonique, arrivé à son plus élevé développement en Europe dans les ouvrages de Gabrieli, de l'école de Vénise, a, dans notre patrie, de glorieux représentants en la dite manifestation artistique réalisée victorieusement (et peut être, avec un plus clair sentiment esthétique des combinaisons sonores vocales) en égal laps de temps ou, tout au moins, pendant les mêmes années, quoique les Gabrieli eurent la chance de réaliser ces importants développements en un endroit *visible* pour l'histoire de l'art (peu étudiée sous ses aspects généraux), à Vénise, dernière chaire des maîtres néerlandais, et que les nôtres eurent le malheur de les réaliser..... en Espagne.

La formule contrepointistique à laquelle j'ai fait allusion *(page 126)*, par l'archaïsme de ses formes se prêtait admirablement, dans le cas dont s'agit, à seconder certains essais burlesques d'humourisme musical que je voulus appliquer ici au mignard MIRAVAL, quand il proteste aux pieds de la belle *de l'Albigeois* «qu'il put un jour aimer ERMENGAUDE, mais qu'aujourd'hui il adore uniquement BRUNISSENDE», et, ensuite, à la part qu'il prend dans la *Tenzon*, proposée par GEMESQUIA, un des deux jongleurs *(pages 152 et suivantes)*. Dans ces deux cas, l'orchestre, *scherzando*, laisse entendre cette formule comme si les deux personnages, qui prêchent ce qu'ils ne croient pas, se trouvaient sous l'influence du proverbe: ***Bien predica quien bien vive.***

La composition que j'intitule ***Orientale*** (*scène IV, page 132, entrée de* RAYON DE LUNE, *C'est moi, la zingara, etc.*) apparaît revêtue des formes variées de la mélopée et rythmopée populaire espagnole propres au personnage, jeune mauresque à qui on donna ce surnom, qui fut faite captive à la bataille de las *Navas de Tolosa* (1212) et passa ensuite en Provence avec l'armée de l'archevêque de Narbonne, qui prit part à cette bataille.

La chanson *La mort de Jeanne (page 138)* procède d'une mélodie turque ***Iskia Samaisi*** (voyez Toderini, ***Letteratura turchesca,*** t. I, pl. 2).

Elle n'est pas écrite entièrement dans le genre chromatique oriental; mais j'ai modifié, en certains cas, son caractère général, introduisant en elle quelques traits mélodiques propres de certains modes secondaires perso-turcs, qui ont une grande affinité avec certains modes arabes anciens et modernes.

Au point central de la chanson *(assai largamente, page 141)* apparaît le thème de la chanson catalane *Lo Comte l'Arnau* recueillie par moi, et que je conserve en ma collection inédite de chants populaires que j'espère publier sous peu.

Cette mélodie typique, par convenances dramatiques et rythmiques, a été modifiée spécialement en la forme que l'on voit dans l'*assai largamente de la page 141* déjà cité.

L'harmonisation de ce fragment ne se sépare point beaucoup de celle qui domine dans le fond de toute la chanson; de cette manière la ballade du *Comte l'Arnau* conserve toute sa saveur arabe, non qu'elle se soit accommodée à l'harmonisation propre d'un de ses modes, mais parce que j'ai pour moi que la dite ballade est bien décidément arabe, quoique influée de plain-chant.

Le fragment mélodique en question a un intérêt capital dans la Trilogie, comme je le disais opportunément, car, à un moment donné, sa mélodie caractéristique fusionnera avec l'élément polyphonique destiné à exprimer le sentiment de la patrie et avec la magnification de ce sentiment.

La mort de Jeanne devait, à son origine, être un chant symbolique. «Jeanne, c'est à dire, *Grâce de Dieu*», note Balaguer, «est la femme de Toulouse, la patrie romaine, l'église albigeoise». Le significatif symbolique de la chanson, la patrie morte, renaîtra dans le significatif symbolique du polyphonique élément déterminé, *la patrie délivrée,* qui apparaît, et que je signalerai dans la seconde partie. Il était nécessaire qu'un des fragments mélodiques de la chanson de RAYON DE LUNE se prêtât aussi à l'admission des formes polyphoniques d'un faux bourdon des tons du plainchant; très-simple expérience musicale qui se réalise dès les premières scènes de la deuxième partie de la Trilogie.

La *Tenzón* de GEMESQUIA et des jongleurs BERTRAN et RAYMOND (*pages 146 et suivantes*) offre diverses particularités. La proposition de la dame (*mêmes pages*) est une paraphrase de deux fragments polyphoniques de Cómes, revêtus de formes modernes et alternés avec des ritournelles originales à chaque vers de la strophe ou *proposition* de la *Tenzon* pour accentuer le caractère archaïque de cette pièce.

La réponse de BERTRAN à la proposition de GEMESQUIA (*page 149*) est inspirée du caractère mélodique d'une des curieuses *épîtres farcies* (propre à la fête des Saints Innocents), véritables rapsodies d'anciens chants populaires, qui se chantaient, alternant le texte latin propre à la fête du jour avec sa paraphrase en langue romaine. Ces documents des siècles XIII, XIV et XV sont non seulement intéressants par leur forme mélodique, mais encore parce qu'ils révèlent le caractère des chants populaires de cet âge si éloigné. Le thême de la *Leçon* ou *épître* précité s'est appliqué aux vers impairs de la strophe de BERTRAN, interrompu au premier vers par le dessein contrepointistique *scherzando*, initié dans le colloque amoureux de MIRAVAL, et au second vers par une *stretta* du thême initié par GEMESQUIA, dont la signification expressive est que BERTRAN est du parti de la dame qui a proposé le thême de la *Tenzón*.

La réponse du jongleur RAYMOND (*page 150*) est une chanson d'amour du siècle XV (selon le manuscrit français 12.744 de la Bibliothèque nationale de Paris) mise au jour dans une intéressante collection de Mr. Gaston Pâris, avec exemples et transcriptions du savant Gevaert. La dite chanson d'amour, soumise à un traitement harmonique respectueux des formes musicales d'un autre temps, a pu se revêtir des formes de la polyphonie moderne, en conservant toute sa saveur et toute sa grâce primitives, preuve décisive de la vitalité de la chanson populaire.

Les strophes des *tenzonadores* alternent, avec de légères variantes, pendant que se développe le passage fugué proposé par l'orchestre dans le colloque amoureux de MIRAVAL avec BRUNISSENDE et indiqué légèrement dans la première strophe de BERTRAN en réponse à la proposition de GEMESQUIA. Mais dans la nouvelle réponse de BERTRAN, les *tenzonadores* s'échauffent en présentant des arguments pour et contre la proposition : BERTRAN déclame avec une colère contenue, défendant sa thèse;

RAYMOND défend aussi la sienne; et, tandis que BERTRAN prie GEMESQUIA de résoudre la question, l'orchestre ridiculise la situation comique en laquelle, dans la chaleur de la dispute, se sont mis les deux jongleurs. GEMESQUIA prononce sa sentence; le thême de la proposition revient, que les deux jongleurs, enserrés dans les idéaux qu'ils ont défendus, commentent avec la *ritournelle* indiquée, avec de comiques *à parte*, comme voulant signifier qu'en dépit du jugement de GEMESQUIA, ils ne se décideront pas à abandonner leurs arguments. La *Tenzón* se termine, en effet, laissant la dispute indécise; le thême fugué revient de nouveau, et les jongleurs, qui ne sont pas convaincus, insistent, *à parte,* en ce que chacun a défendu.

L'introduction du *Lai* (*page 159*) que chante MIRAVAL, est le type historique de la complainte ou chanson narrative (1).

---

(1) Les paroles et la musique (la mélodie) de cette chanson intitulée *La Péronnelle*, extraordinairement populaire, qui figure déjà dans les chansonniers du XVe siècle, se trouvent dans la collection déjà citée de Gaston Paris et Gevaert, suivant le manuscrit numéro 12.744 de la Bibliothèque national de Paris.

La première strophe unipersonnelle du *Lai* terminée, pour l'appeler ainsi, par la mélodie de la complainte qui servait d'introduction obligée aux relations historiques des trouvères (car la complainte propre de la chanson populaire diffère de celle historique ou d'un fait légendaire), le jongleur de MIRAVAL (*page 160*), qui joue sur la harpe de brefs préludes, alternant périodiquement avec le récit du trouvère, s'avance. MIRAVAL commence sa complainte par la strophe: *Elle avait, la noble dame.....*

Deux chants populaires catalans, qui se sont prêtés admirablement à accentuer, avec toute la saveur de l'époque, la férocité qu'exige la tragique histoire de Guillaume de Cabestany et de la comtesse Marguerite de Rosellón, marchent mélangés dans cette strophe.

Le premier thême de ces deux mélodies (*page 160, dernière ligne*), très-connues en Catalogne, appartient à la chanson religieuse *Los vuit dolors* (*Les huit douleurs*), et le second (*page 161, depuis l'avant-dernière mesure*) à une *follia* populaire catalane.

Une bonne partie de la seconde strophe du *Lai* est composée sur un ancien mode grec qui se note fréquemment dans quelques mélodies catalanes populaires, et le reste en variantes de divers modes arabes.

Le trouvère termine le récit tragique en faisant entendre de nouveau la mélodie typique de la complainte, et, personnalisant une seconde fois le récit, il dit (*page 171*):

Telle fut, dit-on, toujours,
La triste fin des amours
De madame Marguerite
Et Guillaume Cabestany.

Le *Serventesio* de SICART n'offre aucune particularité d'application digne d'être notée, quoiqu'il présente diverses formes et mouvements de la mélodie populaire.

L'arrivée du CARDINAL LÉGAT (*page 183*), qui se présente à l'improviste dans la salle d'honneur, entouré de moines dominicains, est annoncée par le thême fatidique exposé depuis la première scène de cette partie de la Trilogie: — « *Che canti, mai, ché accenti sono questi...?»* exclame-t-il. Tous reculent. L'enthousiasme produit par l'image de la patrie évoquée dans le *Serventesio* de SICART s'éteint, et il se fait un silence sépulcral, interrompu seulement par les imprécations que lance le sombre personnage.

Dans cette scène se développpent et trouvent leur application dramatique beaucoup de thêmes expressifs exposés dans les scènes précédentes comme préparation à ce moment culminant du poëme, et en elle apparaît, pour la première fois, le trait harmonique que j'ai imaginé pour peindre le représentant de l'Église et de Rome. Il est formé de deux simples accords qui se font entendre avec une insistante et uniforme progression thématique en divers passages du drame (*voyez page 191, moderato e solenne*).

Je ne dirai pas que ce trait harmonique soit entièrement propre de notre école de musique religieuse, qui offre des cas similaires, mais j'affirmerai que je ne l'ai vu employé en cette forme chez aucun auteur de marque, ni même chez Palestrina (dans la phrase initiale du *Stabat Mater,* par exemple). Cela peut-être est dû à une circonstance fortuite propre du genre diatonique fuyant du fameux et terrible *Diabolus in musica.*

De toutes façons, cette simple succession de quatre accords parfaits majeurs, produit des circonstances modales et harmoniques inespérées chaque fois qu'elle apparaît appliquée en des points déterminés des situations dramatiques. (*Pages 195, 196, 199, 202, etc.*)

Il y a dans toute la scène de l'anathème une grande abondance de formules harmoniques inspirées absolument des œuvres de notre siècle d'or de la musique religieuse, et même de quelque procédé particulier et caractéristique de notre école catalane. Des traits déterminés, une certaine manière de placer les voix dans les retards (*par exemple dans les mesures 3 et 4 de la page 201*), et quelques géniales libertés contrepointistiques, pourraient indiquer, comme en peinture, les procédés particuliers des écoles de musique religieuse catalane, valenciane, sévillane, etc., etc., desquelles nous possédons des œuvres si admirables, tant au point de vue technique qu'au point de vue esthétique.

Ces indications sommaires suffiraient pour révéler tous les traits expressifs qui ont déterminé la forme générale de cette scène.

La dernière parole de l'anathème prononcée sur cette succession d'accords parfaits (*pages 202 et 203*) qui éclatent avec force, comme pour symboliser le pouvoir de l'ambassadeur apostolique, on entend tout à coup une rumeur étrange et mystérieuse: des coups profonds et mesurés résonnent, comme s'ils venaient des entrailles du château. Les dalles du centre du salon se soulèvent (*page 205*), et, aux pieds mêmes du LÉGAT s'ouvre une profondeur d'où surgissent des archers, des arbalétirers et des hommes d'armes, quelques-uns avec des torches enflammées. Dans cette scène se dénouent toùs les fils thématiques exposés dans le *racconto* de SICART (première scène); la légende du château devient une victorieuse réalité;

l'*appel* de Foix (*page 207*) résonne premièrement au loin : — « *Quegl' invisibili*... murmure impassible, SICART—*a salvar vengon il castel*... » l'*appel* de clairons se rapproche, les nouveaux arrivés se dispersent sur la scène et courent s'emparer du CARDINAL LÉGAT et des moines, aux cris de *Foix! Foix! Foix et Toulouse!* et, à la sonnerie de cet *appel*, armé de pied en cap, l'épée nue à la main droite, et, de l'autre, agitant l'étendard de sa maison, apparaît la vaillante et atlétique figure du COMTE DE FOIX. Debout, auprès de la profondeur béante, il relève la visière de son casque, plante en terre la bannière victorieuse, et, dominant tout, s'écrie de sa voix tonnante : *Foix! pour Foix et par Foix! Foix et toujours Foix!* Alors éclate, dans toute sa grandiose et puissante sonorité, l'*appel* de clairons (*pages 209 et suivantes*) que seconde tout l'élément vocal, répétant avec des cris d'acclamation : *Foix! pour Foix et par Foix!*

DEUXIEME TABLEAU

Rayon de Lune

A la onzième mesure du très-court prélude d'introduction de la deuxième partie (*page 212*) apparaît, pour la première fois, le motif thématique, symbole ou image de ce sentiment d'un ordre si élevé pour le cœur humain: *Patrie.*

Ce motif, présenté ici dans sa manifestation harmonique la plus simple, est le point de départ des transformations de toutes formes qu'il reçoit jusqu'à ce qu'il arrive à l'apogée de ses développements, en se fusionnant dans le thême principal de *La mort de Jeanne* (ballade *du Comte l'Arnau* à la fin de la Trilogie).

A la terminaison du prélude, l'*appel* de

Foix retentit transformé radicalement au moyen de la note initiale. (*Voyez page 213.*)

Le rideau se lève. La scène représente le cloître de l'abbaye de Bolbona. La sanglante guerre des Albigeois touche déjà à sa fin: tout est au pouvoir de Rome et de la France, exception faite du château de Montségur, le dernier rempart de la patrie romaine, qui résiste encore. Après avoir soutenu une lutte héroïque, FOIX (Roger Bernard) caché dans l'abbaye, croit pouvoir échapper à l'Inquisition triomphante.

La scène est vide. On entend au loin le chant des moines qui entonnent le dernier verset de l'*Invitatorio* de l'office des morts (*page 213*), et, peu après, le psaume *De Profundis,* avec lequel s'enlace un fragment de la chanson *La mort de Jeanne,* que l'on entend chanter, au dehors du couvent, par la voix de RAYON DE LUNE (*pages 215 et suivantes*).

J'ai avancé précédemment une indication sur l'application du chant de RAYON DE LUNE à l'un des tons du plain-chant qui se sont laissés « compénétrer » mutuellement par les analogies de modalité, qui, quoique cela paraisse un fait rare—et ceci est un cas bien éloquent, certainement,— existent en mélodies d'apparence si antithétiques et si opposées de toutes façons.

J'ai voulu traduire en musique toutes les indications scèniques que l'auteur du poëme met dans la bouche des personnages, ou qu'il indique seulement, en déterminant le triple caractère du chant des moines qui *prient, chantent, psalmodient,* suivant les moments de l'action et d'accord avec la lithurgie. Dans cette scène, donc, et suivant les cas, je m'appliquai à traduire en musique les trois caractères du chant lithurgique, et, à part l'obligation où je me voyais d'enlacer le chant de Rayon de Lune avec celui des moines qui *prient* (formant cette espèce de récitatif sombre sur une note grave répétée avec une monotone «grandiosité» (*depuis les dernières mesures de la page 215*), qui, dans le finale, se transforme infailliblement en un intervalle descendant de tierce mineure), qui *chantent* un *faux-bourdon*, par exemple (*page 216*) propre de notre école catalane, et qui *psalmodient* (alternant le *faux-bourdon* avec le ton de plain-chant correspondant, et, dans ce cas, l'unique qui me convenait pour qu'il puisse s'adapter au fragment de la chanson de RAYON DE LUNE). Les deux versets à *faux-bourdon* qui apparaissent dans cette scène, présentent dans le *flexo* identique harmonisation, variée dans la *médiation* et dans le *finale* ou *Sæculorum*, avec l'idée d'obtenir certains effets de sonorité.

Tous les fils de la trame dramatique de la seconde partie de la Trilogie convergent depuis le *racconto* de RAYON DE LUNE (*page 253, andantino, assai animato*) aux diverses scènes de cette partie de l'ouvrage.

J'indiquerai les nouveaux thêmes expressifs contenus dans le précité *racconto*, que la marche de l'action et les situations du drame m'obligaient à inventer, en signalant, en passant, leur dérivation et leurs transformations.

Le thême, qui commence à la seizième mesure de la page 253, et tous ses développements mélodiques et harmoniques, procède d'une mélancolique chanson berceuse qui vaguait par mes souvenirs d'enfance, et avec laquelle ma vénérée mère m'endormait.

Le thême principal de la procession funèbre de la scène IV de cette partie (*page 236, depuis la mesure 8*) provient de cette jolie et typique mélodie.

Dans le second membre du *racconto* apparaît la phrase qui commence à la dizième mesure de la page 255, imprégnée de la saveur d'une ancienne chanson des maures d'Espagne composée dans le mode *zeidan,* dans laquelle il y a de grandes affinités avec le *fandango,* le *paño moruno,* et quelques-uns des chants caractéristiques andalous, sauf que je n'ai pas voulu laisser le modèle, que j'ai inventé en partie, «influer» par la tonalité moderne comme en paraissent «influés» la majeure partie des chants caractéristiques précités.

Divers fragments de ce thême vont, éparpillés, par la seconde et la troisième partie de la Trilogie, chaque fois que je veux accentuer certains détails expressifs propres à l'influence de la mauresque RAYON DE LUNE dans le développement de l'action dramatique.

Le troisième thême du *racconto* (*page 258, depuis la première mesure*) provient d'une caractéristique chanson catalane que je conserve en ma collection inédite de chants populaires, et entendue par moi dans la province de Tarragone.

Ce thême est également un de ceux qui a eu le plus d'influence dans le lyrisme dramatique de la seconde partie: il apparaît déjà à la scène II (*page 218*), à celle des funérailles (*page 240, depuis la septième mesure*), et dans la dernière, quand IZARN, l'inquisiteur, se présente à l'abbaye et s'empare du COMTE DE FOIX (*page 279, première mesure*).

Le *racconto* de RAYON DE LUNE tend à obliger le COMTE (en lui rappelant une histoire de Roger le vieux, son père) à se mettre à la tête des défenseurs de Montségur, à sauver Estella d'Aura et ses deux filles, qui ont du sang de Foix dans les veines, à accomplir enfin ce que promit Raymond Roger, «que si un jour Estelle d'Aura et les siens demandent assistance aux Foix et ne la reçoivent point, lui, Raymond Roger de Foix, abandonnera son sépulcre et viendra faire son devoir, car *un Foix ne faillit pas!*—«Si Montségur est sauvé—ajoute RAYON DE LUNE—Estella d'Aura et les siens seront sauvés et le vœu de Raymond Roger sera exaucé.»—«Tout est inutile»—s'écrie le COMTE.—*Dio un miracol allor farà perchè salvarsi possano!* dit RAYON DE LUNE. Elle se dirige rapidement vers le panthéon des comtes de Foix, frappe du poing trois fois à la porte de fer, et, appliquant ses lèvres à la serrure, appelle: «Raymond Roger! Raymond Roger, comte de Foix!»

L'orchestre éxécute alors le dessin placé sous ces paroles, trois fois répété en tonalités ascendantes, qui a déjà paru dans l'orchestre dès les premières scènes de cette seconde partie.

Le COMTE DE FOIX fixe alors ses yeux

sur le panthéon de ces ancêtres et exclame: « *Dormez en paix sous cette pierre, comte Raymond, mon père! Je tiendrai vos serments!* »

Mais il est trop tard pour son noble sacrifice. «Monségur tombe—vient annoncer un fidèle serviteur — ses murs démantelés et détruits gisent dans les profondeurs de l'Abés. Les défenseurs du castel sont morts brûlés; l'Inquisition était avec les assiégeants.»

IZARN, le grand inquisiteur, apparaît au haut de l'escalier du couvent (*page 277*). Le COMTE va à sa rencontre (*page 278*).

Dès ce moment, le caractère moral du héros, vacillant et douteux, faible parfois, terrifié par cette guerre implacable de quarante ans de sang et d'extermination, se transforme: l'âme et l'esprit de la sainte patrie font battre son cœur; il appartient aux siens, et puisque la patrie est morte, il ne veut pas de la vie, car seulement pour vivre et mourir avec elle naquit la maison de Foix. Que l'Inquisition le mène au bûcher! Au vent sa cendre! Que les zéphirs l'éparpillent par les Pyrénées! En se dispersant par l'âpre cordillière, elle y portera la mémoire de Foix, mémoire que les générations futures invoqueront un jour dans un cri de salut et de guerre, pour s'élancer contre les oppresseurs, soulevant avec elle les Pyrénées, et avec les Pyrénées, la Patrie! »

Bien indiqué, on le voit, le programme s'accentue dans cette dernière scène, véritable apothéose du héros, le sentiment de la Patrie. Tout concourt à renforcer, élargir et magnifier ce sentiment, et le lecteur devinera facilement quelles intentions expressives doivent donner un vigoureux lyrisme à cette situation du drame.

Les gardes s'emparent du COMTE et de ses fidèles serviteurs, RAYON DE LUNE et SICART, et les emmènent. IZARN, l'impassible inquisiteur, qui voit le COMTE en son pouvoir et Montségur détruit, s'écrie, avec une haine concentrée: *La terra è nostra...* (*page 286*). L'inquisiteur et ses sbires exultent en exclamant: *Honneur à Rome!* Revient alors le motif correspondant au triomphe de l'Église et du pouvoir romain (*troisième mesure et suivantes de la précitée page*). Le rideau tombe, et l'orchestre «suffoque» le cri des triomphateurs avec le motif de l'*appel* de Foix, intention expressive de la patrie dans la mémoire de ses héros et de ses martyrs.

TROISIEME TABLEAU

La Journée de Panissars

Toutes les intentions expressives de lyrisme dramatique de cette troisième et dernière partie de la Trilogie, tendent à «sublimifier» l'idée de la patrie victorieuse, la liberté des Pyrénées, la déroute des oppresseurs, le triomphe de *Pierre le Grand.*

Les tonalités majeures accentuent le fond du cadre musical dès les premières scénes: Pierre d'Aragon et de Sicile, Roger de Lauria, les Almogavars, les descendants des héros de la patrie romaine, sont les vengeurs de Muret, des Pyrénées et la Provence.

Dans la première phrase du court prélude d'orchestre de cette troisième partie (*page 287*) persiste le thême-symbole du sentiment de la patrie, formant le trait-d'union idéal entre cette partie et les précédentes de la tragédie; il s'éteint dans les profondeurs de l'orchestre, et tout à coup se perçoit un bruit de clairons qui sonne au campement des Almogavars dans le *Col de Panissars;* les premières lignes mélodiques du chant de guerre des Almogavars se détachent..... et le rideau se lève.

Rayon de Lune, image de la légende des Pyrénées, représentante, à la fois, de la patrie perdue et de la patrie délivrée, véritable *fatum* du poème, creuse une fosse et chante quelques strophes de la *Chanson de Jeanne* (*page 291*).

Le chant et l'orchestre évoquent le souvenir de la patrie romaine (*ballade du comte l'Arnau*), et l'exposé des situations qui doivent se développer dans cette troisième partie commence.

Balaguer, avec son grand instinct dramatique et poétique, a créé ici une figure de haut-relief qui est la véritable note tendre du tableau, figure qui ressort encore au milieu des clameurs de cet hymne de victoire qui, comme je l'ai dit, remplit tout le fond de l'action de cette partie. J'ai essayé d'accentuer avec amour, en la remplissant de détails délicats, cette figure par tous les moyens que me suggéraient l'expression lyrique, l'étude du personnage mis en contact et en contraste avec les autres et l'essence poético-morale de son caractère. Je ne sais pas si j'ai réussi. D'abord, j'ai accentué, au moyen d'une intention expressive, cette rougeur, cette confusion qu'on éprouve quand on craint d'être découvert, cet amour *qui aime d'amour et qui d'amour vit,* qui dilate son cœur. (*Voyez pages 298, dernière ligne, pages 301, 325, 335, etc.*)

Le *racconto* de RAYON DE LUNE (*Là, nella terra de Sicilia bella, page 326*) dans lequel l'ancienne jongleuse découvre le secret amour de LISA, qui, déguisée en almogavar, suit le roi Don Pedro depuis la Sicile, est écrit d'après un de ces nombreux curieux exemples qu'offrent certaines écoles gallaïques, chinoises et japonaises, composés de cinq sons parmi lesquels la tonique, si en réalité il mérite ce nom, peut occuper tous les dégrés de l'échelle. Cette classe de mélodies, en qui n'apparaissent point deux tons de l'échelle moderne, les deux intervalles de demi-ton de notre échelle se convertissant en deux intervalles de un ton et de demi-ton, présente des traits en rapport avec l'ancien systême enharmonique des grecs, qui diffère essentiellement du nôtre.

La *chanson de l'Étoile* contient la majeure partie des motifs expressifs qui m'ont servi pour peindre le caractère moral de la tendre Lisa. Quoique non sujette à aucune imitation ni à aucune transformation, parce qu'elle n'a pas été écrite en vue d'un modèle mélodique déterminé, il y a en cette chanson des tours mélodiques inspirés par la muse populaire, spécialement les terminaisons des phrases des premières périodes, et, particulièrement, l'avant-dernière mesure de la partie chantante, en laquelle j'ai adopté un accent sonore mélodique populaire espagnol pur, que je doute que possède aucune autre nation du monde. (*Voyez page 345, vingtième mesure.*)

Le *chant de guerre* de RAYON DE LUNE ou l'*hymne guerrier des Almogavars*, naquit d'une admirable création de la muse populaire catalane, dont les paroles présentent une grande analogie avec celles de la chanson française *Jean Renaud.* Le refrain qu'entonne le chœur d'almogavars: *Ti desta, férro,* est une imitation d'un *namâz* arabe, mélodie typique d'une des cinq prières qu'entonne le muezin dans les mosquées.

La mélodie de la deuxième strophe du *chant de guerre* est presqu'une transcription d'une *Kaaba,* danse arabe propre à certaines cérémonies du culte islamite.

La retraite que font résonner les Almogavars après l'*hymne de guerre (page 362, depuis l'avant-dernière mesure*) laisse inférer, facilement, que le thême principal et les diverses sonneries de clairons et de trompettes proviennent du même hymne et sont le point de départ des *appels* qui alternent dans l'hymne de victoire du finale de la Trilogie.

L'apparition en scène du COMTE DE FOIX, FOIX ROGER BERNARD III, est annoncée par un dessin des basses de l'orchestre, répété plusieur fois. (*Voyez pages 367, mesures 8, 9, 10, etc., pages 368 et 374.*)

C'est le glorieux appel des anciens Foix, chassant le fils batard, le rénégat de la patrie.

Déjà, dès la seconde scène, l'élément expressif qui doit se diriger vers un point déterminé du drame, se dispose; tout va, se préparant, pour se concentrer dans l'Hymne de la patrie; les sonneries des clairons, les cris des combattants, les exclamations de victoire, les *aur! aur!* des Almogavars, la mélodie centrale, le thême culminant de l'hymne, la salutation au ROI D'ARAGON, qui, *d'ogni valor portò cinta la corda* (Dante) (*voyez page 403, salute a te*).

Les héros du poème, RAYON DE LUNE, ROGER DE LAURIA, le chef et les hordes almogavars, la multitude, les Pyrénées élevant leurs âmes aux rayonnements splendides.....

al sol di lor gesta.....,

les invisibles êtres qui du sein de la terre

elevan lor inni, che salgon al ciel,

tout, tout chante, éclate, dans la voix de cette mélodie centrale qui se développe, s'élargit et se renforce peu à peu et graduellement de sonorités jusqu'à leur concentration dans l'acclamation:

Victoire! victoire! victoire! pour le Roi d'Aragon!

J'ai indiqué autre part que la ballade de *La mort de Jeanne* (thême de *Le Comte l'Arnau*),

Dopo morta sotterratemi.....

représente, à la fois, dans les idées expressives du drame, la patrie perdue et la patrie délivrée, le *fatum* même de la Trilogie, pour ainsi dire. Dans cet ordre d'idées j'ai accentué la saillante figure de RAYON DE LUNE, en donnant un relief déterminé à quelques fragments de cette ballade, pour qu'ils se prêtassent à tous les développements et «compénétrations» du cas.

«*Tranquilla m'adagerò in mia fossa; e pria che chiuda, per sempre, gli occhi miei...* dira RAYON DE LUNE (scène II, page 317): «*Gia son vissuta: i Pirenei son liberi!*»

C'est un désir, un pressentiment, un fait qui n'est pas arrivé à son accomplissement dans la marche dramatique du sujet. Pour la première fois, dans cette scène, se fondent et se condensent les deux thêmes symboliques, celui de la ballade (*La mort de Jeanne*, image de la patrie perdue), et l'harmonisation typique, comme aspiration véhémente de la patrie délivrée (*dernières mesures de la page 318*). Mais les faits ne sont pas arrivés à leur accomplissement dramatique, et l'exclamation de RAYON DE LUNE, après le mélange de ces deux thêmes symboliques, tend à commémorer le souvenir du héros, le *héros de la patrie*, et son désir vif, latent, les Pyrénées libres, se dirige encore à la mémoire du héros de la patrie, à Foix, à se fondre dans l'*appel* que synthétise le souvenir du héros (*page 319, mesures 1 et 2*).

A l'avant-dernière scène du poème, les faits sont arrivés à leur accomplissement dramatique: RAYON DE LUNE a salué le libérateur de la patrie, celui qui *d'ogni valor portò cinta la corda;* RAYON DE LUNE peut reposer dans le tombeau en s'écriant (*page 404*):

Già son visuta.....

Elle peut mourir: elle a vu

.....Les Pyrénées libres.

Les destinées se sont accomplies, le fait dramatique s'est réalisé, elle a vécu, elle voit les Pyrénées libres, et les deux motifs symboliques étroitement unis (*page 404)* se confondent en un cri suprême d'acclamation, qui n'est plus Foix, non plus que l'*appel*, symbole de sa devise, non plus le héros, mais la patrie, l'Hymne à la patrie libre.

Il interprêterait mal mes desseins celui qui voudrait voir dans ce que j'ai écrit, une allusion calculée à la représentation de notre *Trilogie*, et, moins encore, un moyen de préparer et d'agiter l'opinion dans ce sens. Non, mille fois non! On ne pourra attribuer à ce mobile la tendance du présent écrit, car la petite portion du public que cette manifestation artistique pourra intéresser n'ignore pas que, outre d'autres ouvrages de plus ou moins de ressources, j'ai en portefeuille un autre drame lyrique, de non moindre importance que celui-ci, en ses proportions du moins, *Cléopâtre,* et mes amis intimes savent fort bien que je ne suis jamais allé et que je n'irai jamais, la partition sous le bras, frapper aux portes d'un théâtre, parce que ce serait un courage qui friserait la témérité que vouloir faire entrer quand même en mâturité des fruits qui ne sont pas encore à leur saison; parce qu'aucun auteur ne peut faire que les théâtres modernes d'opéra soient une manifestation de l'art et non un marché commercial où les éditeurs cotent le prix qu'ils veulent, exploitant le goût du public et la marchandise musicale dénommée opéra; parce que l'art d'entendre la musique est inconnu de la plupart; parce que la musique n'est point aimée comme un art qui se cultive avec prédilection, mais seulement comme un art qui distrait et divertit.

Que la *Trilogie* soit ou non représentée, qu'elle mérite ou non le suffrage du public, ce n'est pas la question pour le moment, et cela n'a rien à voir avec tout ce que j'ai dit plus haut. Il m'a paru louable, et même nécessaire et patriotique, d'exposer mes idées sur une œuvre qui aspire à mériter le titre de manifestation de l'art national, et je les ai exposées.

Elles pourront être bonnes ou mauvaises, erronées ou justes, l'intelligence, la conviction et le culte de l'art auront pu les seconder ou non en cette sorte de manifestation artistique; je n'ai point à juger ces points extrêmes. Il était urgent de les présenter au moyen d'une exposition de mes points de vue et je l'ai fait, uniment et pleinement, comme ma conscience d'artiste me l'a donné à entendre.

Et quoique ceci ne soit pas tout, car il y a beaucoup encore à dire sur cette importante matière avant d'avoir prononcé le dernier mot, je m'arrête ici et mets à ce travail le point final.

FELIPE PEDRELL.

Barcelone, Janvier 1893.

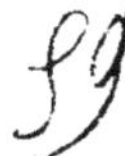

www.ingramcontent.com/pod-product-compliance
Ingram Content Group UK Ltd.
Pitfield, Milton Keynes, MK11 3LW, UK
UKHW020336180726
13839UKWH00002B/748